MW01714635

À la découverte du *tao*

MÉDITATIONS TAOÏSTES

Données de catalogage avant publication (Canada)

MacNeil, Sean

À la découverte du tao

(Collection Spiritualité)

ISBN 2-7640-0681-0

1. Tao. 2. Philosophie taoïste. 3. Taoïsme I. Titre. II. Collection.

B127.T3M32 2003 181'114 C2002-942030-X

LES ÉDITIONS QUEBECOR
7, chemin Bates
Outremont (Québec)
H2V 4V7
Tél. : (514) 270-1746

©2003, Les Éditions Quebecor
Bibliothèque nationale du Québec
Bibliothèque nationale du Canada
ISBN : 2-7640-0681-0

Éditeur : Jacques Simard
Coordonnatrice de la production : Dianne Rioux
Conception de la couverture : Bernard Langlois
Illustration de la couverture : Daryl Benson / Masterfile
Révision : Francine St-Jean
Correction d'épreuves : Jocelyne Cormier
Infographie : Dany St-André, 15e Avenue infographie

Nous reconnaissons l'aide financière du gouvernement du Canada par l'entremise du Programme d'Aide au Développement de l'Industrie de l'Édition pour nos activités d'édition.

Gouvernement du Québec – Programme de crédit d'impôt pour l'édition de livres – Gestion SODEC.

Tous droits réservés. Aucune partie de ce livre ne peut être reproduite ou transmise sous aucune forme ou par quelque moyen électronique ou mécanique que ce soit, par photocopie, par enregistrement ou par quelque forme d'entreposage d'information ou système de recouvrement, sans la permission écrite de l'éditeur.

DANGER LE PHOTOCOPILLAGE TUE LE LIVRE

Imprimé au Canada

Sean MacNeil

À la découverte du tao

MÉDITATIONS TAOÏSTES

LES ÉDITIONS
Quebecor
QUEBECOR MEDIA

Si les portes de la perception étaient nettoyées, chaque chose nous apparaîtrait telle qu'elle est, c'est-à-dire infinie.

WILLIAM BLAKE

Introduction

Comme plusieurs autres philosophies orientales, le taoïsme exerce beaucoup d'attrait sur nous, Occidentaux, souvent à la recherche de solutions de rechange au matérialisme outrancier de la société de consommation nord-américaine.

Si vous vous êtes le moindrement intéressé à des activités comme le taï chi (gymnastique), l'aïkido (art martial) ou le feng shui (art d'organiser les objets de manière harmonieuse), vous êtes probablement familier avec des termes comme yin et yang, harmonie et tao.

Pour d'autres, taoïsme, confucianisme, bouddhisme zen et tout ce qui s'y rattache ne sont que des « chinoiseries » dérivées du nouvel âge et sont réservées aux riches acteurs d'Hollywood, aux membres de sectes occultes ou aux marchands de rêves.

Malgré certaines apparences ou certains préjugés, la recherche du tao est une démarche spirituelle sérieuse. Contrairement à beaucoup d'autres écoles de pensée, elle ne nécessite pas de gourou ni de maître ; mieux encore, c'est une démarche que chacun peut entreprendre dans l'intimité la plus totale, sans rien laisser paraître.

Tous les aspects du tao (nutrition, gymnastique, sexualité, méditation, etc.) sont complémentaires. Chaque discipline peut être exercée individuellement ou conjointement avec une ou plusieurs autres. Pour une personne, l'instrument privilégié sera la méditation ; pour une autre, ce sera le taï chi.

Il existe bien sûr une religion taoïste qui possède toute sa panoplie de dieux, de rites et de prières, mais la recherche du tao n'exige pas un tel investissement *a priori*.

Je n'ai pas l'intention d'entrer dans les subtilités et les ramifications de cet univers extrêmement riche en écrivant un ouvrage savant que personne ne voudra lire ni de convertir qui que ce soit à quoi que ce soit.

Mon souhait le plus cher est que mon livre vous donne envie d'approfondir le sujet par vous-même pour vous aider à trouver une autre manière de rechercher l'équilibre, VOTRE équilibre. À cet effet, il existe en librairie et sur Internet une multitude de textes taoïstes, écrits par des personnes beaucoup plus compétentes que moi en la matière.

Par contre, pour aborder la pensée tao — et pour l'approfondir au besoin —, il est nécessaire de connaître certaines notions primordiales qui favoriseront la compréhension des textes existants.

Je vous offre donc sans plus tarder de me suivre sur le chemin de la découverte du tao.

Tao: notions de base

Tao signifie « le Chemin », « la Voie », et représente l'ensemble des forces et des cycles qui régissent l'Univers naturel. Être adepte du tao ou chercher le tao, c'est donc être à la recherche de la Voie qui conduit vers l'harmonie avec l'Univers visible et invisible qui nous entoure.

Pour effectuer cette démarche, on n'est pas obligé d'adhérer à une religion. On peut méditer, faire du taï chi ou de l'aïkido sans pour autant devoir changer radicalement son style de vie ou s'enfermer dans un monastère pour le restant de ses jours.

Cette recherche d'harmonie suppose des qualités comme la modestie et l'obéissance à l'ordre naturel des choses. Ce sont là des vertus essentielles pour qui veut se fondre dans l'Univers et évoluer au même rythme que lui.

Non-être et non-agir

Parmi les principes fondamentaux du *Tao Te King* figurent celui du *wu* (non-être ou Vide) et celui du *wu wei* (non-agir). Ce sont là les deux principes qui permettent éventuellement de trouver la Voie et d'atteindre l'harmonie.

Pour comprendre ces notions fondamentales, il faut savoir que les philosophes chinois, contrairement aux philosophes grecs qui cherchent une explication du monde à l'extérieur d'eux-mêmes, postulent que les fondements de la connaissance sont présents dans toute personne qui réfléchit ou qui médite. Ainsi, l'individu participe au principe général de la vérité ; son objectif doit donc être de s'unir au cosmos.

Pour y parvenir, il doit pratiquer le non-agir, le *wu wei*. De même que, dans la nature, les choses s'accomplissent spontanément, sans intervention particulière, de même le saint obtiendra la liberté et l'autonomie en épousant entièrement le grand mouvement naturel de l'Univers. Il n'interviendra pas dans le cours des choses pour permettre à chacun de se développer selon sa nature propre. Cela dit, il n'est pas passif; il est dans un état de réceptivité totale, un peu comme quelqu'un qui se laisse flotter et emporter par la rivière plutôt que de nager et se battre contre le courant.

Il doit également pratiquer le non-être: laisser venir le vide, être disponible, détaché de tout désir, de tout besoin tourné vers l'extérieur, pour revenir à lui-même. Il parvient ainsi à la simplicité originelle.

Non-agir ne doit cependant pas être pris au premier degré et n'est pas synonyme de « laisser faire », de « résignation » ou de retrait de la société. À titre d'exemple, que fera un taoïste en cas d'agression? Se laissera-t-il battre passivement? S'enfuira-t-il ou se défendra-t-il?

Il se défendra. En plus du taï chi, les taoïstes ont aussi créé l'aïkido, un art martial qui prend sa source dans le tao.

L'harmonie

Dans le taoïsme, on ne parle pas d'immortalité de l'âme et on ne fait aucune référence à un Être suprême. Le tao sert de guide pour la vie morale et la compréhension de la place de l'homme dans l'Univers.

Il y a des moines et des religieuses qui choisissent de passer leur vie dans des monastères ; c'est un choix individuel de personnes qui ont choisi de consacrer leur vie à cette recherche de la perfection. Il y a aussi des prêtres qui sont là pour aider ceux et celles qui en expriment le désir dans l'étude et l'interprétation des textes, des rituels et des plantes médicinales.

On appelle « immortels » ceux qui réussissent à atteindre l'harmonie de leur vivant. Un peu comme les catholiques le font pour les saints, les adeptes du taoïsme peuvent leur adresser des prières pour leur demander leur aide.

Le yin et le yang

Le yin et le yang représentent les deux pôles de l'équilibre et de l'harmonie. Le symbole qui les représente illustre les deux forces qui régissent l'Univers. Ces deux forces sont opposées mais complémentaires et indissociables ; l'une ne saurait exister sans l'autre.

Le yin, c'est le côté ombragé de la colline, le jour, la femme, la fraîcheur... Le yang représente les opposés : le côté ensoleillé de la colline, la nuit, l'homme, la chaleur...

FIGURE 1. LE YIN ET LE YANG.

Comment trouver le tao

Le tao exerce une influence majeure sur les arts, la nutrition, la médecine, la littérature, la sexualité et tous les aspects de la vie quotidienne, aussi bien en Chine, au Vietnam, en Corée du Sud, qu'à Taiwan. En Chine et à Taiwan, par exemple, avant d'ériger de nouvelles structures, on fait encore appel à la géomancie taoïste, qui prend en compte l'environnement, l'orientation et le cycle des saisons.

Comme le taoïsme est basé sur la recherche de l'harmonie avec les lois naturelles de l'Univers, il est facilement adaptable à toutes les situations de la vie. C'est probablement la raison pour laquelle il suscite de plus en plus d'adeptes partout dans le monde, dont les pays occidentaux.

Feng shui, taï chi et aïkido

Feng shui, taï chi, aïkido sont des mots que vous connaissez sûrement. Ces arts touchent de très près le tao, puisque leur dénominateur commun est la recherche d'équilibre et d'harmonie. Chacun à sa manière, ils constituent des outils qui viennent aider tous ceux qui cherchent à atteindre l'harmonie.

On peut très bien être à la fois chrétien, musulman ou athée et pratiquer le taoïsme ou une certaine forme de taoïsme. Au cours des ans, le bouddhisme et le confucianisme ont entretenu des interrelations étroites avec le taoïsme au point où il est parfois difficile de discerner la frontière qui délimite ces écoles de pensée, chacune empruntant à l'autre.

La recherche du tao, telle que je la conçois et telle qu'elle est perçue par beaucoup d'autres, n'est pas dogmatique et n'impose rien. On n'est pas taoïste du simple fait de vouloir vivre en harmonie avec la nature, comme on ne devient pas taoïste juste à pratiquer le taï chi. La recherche du tao, c'est un questionnement par rapport à la place que l'on occupe dans un univers en constante mouvance.

À moins que l'on n'ait décidé d'y consacrer sa vie, les rites associés au taoïsme sont très simples et ne nécessitent pas de lieux ou d'heures particulières, ni de règles rigides à suivre. Les personnes qui observent des rituels et qui optent de se regrouper dans des temples le font pour l'atmosphère propice au recueillement et au silence. Une église catholique romaine ou un endroit calme et retiré pourrait tout aussi bien convenir à une méditation taoïste...

Le taoïsme n'a pas non plus de missionnaires ; non seulement personne ne viendra jamais à vous pour essayer de vous convaincre à tout prix que la Voie du tao est la seule ou la meilleure, mais il n'existe pas une seule Voie dans le tao. Au contraire, il revient à chaque personne de trouver sa propre Voie.

Le tao et ses ramifications

Les trois trésors du tao sont la vitalité, l'énergie et l'esprit. Divers moyens existent, dont la nutrition, l'exercice, une certaine manière de pratiquer la sexualité et la méditation. Le tao représente un art de vivre qui a pour objectif fondamental de favoriser la plus grande longévité possible.

Pendant des siècles, les prêtres, les moines et les alchimistes taoïstes ont cherché à mettre au point un élixir d'immortalité. Pour ce faire, ils ont effectué des recherches sur des milliers de plantes pour connaître leurs propriétés nutritionnelles et médicinales. Ils n'ont pas réussi à inventer l'élixir, mais ils ont acquis une expertise sur la nutrition et la médecine naturelle.

Un taoïste pur et dur pourra donc s'alimenter conformément à un certain nombre de lignes directrices et utiliser des médicaments à base de plantes. Mais dans la nutrition tout comme dans la recherche de guérison, la pratique du tao n'impose rien, sauf de se priver de ce qui est reconnu dommageable pour la santé et d'éviter les excès. Pour le reste, on en revient toujours à favoriser l'équilibre.

Sur le plan de l'exercice physique, tout est basé sur le *qi (*ou *chi)*, une force vitale associée à la respiration. Le taï chi, par exemple, « est à la fois gymnastique de longévité, art martial, méditation en mouvement, danse sacrée et art alchimique de transformation de l'individu[1] ». Il a pour fonction de favoriser la respiration et d'éliminer les tensions physiques, favorisant ainsi l'atteinte de la paix intérieure et de l'harmonie.

La méditation, pour sa part, favorise grandement la respiration, ce qui, selon les adeptes du taoïsme, permet d'accroître la longévité. Cette notion de longévité est importante pour eux parce que plus on vit vieux, plus on augmente ses chances d'atteindre l'harmonie.

Et puisque l'on parle d'harmonie, vous avez sûrement entendu parler du feng shui ! Cet art oriental (certains diront une science) s'est gagné beaucoup d'adeptes en Occident et de nombreux livres ont été publiés sur le sujet.

---

1. Pierre Boudreau, *Pensées de Jade*, tome I, Montréal, Les Éditions Créativité en taï chi, 1994.

Pour simplifier, le feng shui consiste à disposer les objets de façon harmonieuse (qu'il s'agisse de réaliser un arrangement floral, de dresser une table, de disposer les meubles dans la maison, de choisir les couleurs ou de construire une maison) ; il puise ses racines dans le taoïsme.

En d'autres mots, « l'art du feng shui est en quelque sorte un mode d'emploi des forces telluriques, l'application de l'influence des lignes, des formes, de l'espace et leurs énergies, un usage subtil des éléments, du yin et du yang et des vibrations de l'Univers[2] ».

La tao a aussi des règles liées à la sexualité, règles qui ne sont pas sans rappeler le tantrisme. Mais encore là, il revient à chacun de chercher sa propre Voie. La pratique du feng shui ne conduira pas nécessairement à celle du taï chi et l'un et l'autre ne vous entraîneront pas automatiquement dans un monastère !

---

2. Régine Saint-Arnauld, *Le guide du feng shui*, Paris, Marabout, 1999.

Le tao au quotidien

Il est possible d'appliquer le tao à la vie de tous les jours sans devoir s'astreindre à de longues et fastidieuses études sur le sujet ou sans s'astreindre à des rituels ponctuels. Dans notre monde occidental, où de plus en plus de personnes ne réussissent plus à trouver les réponses à leurs questions existentielles, le tao a le mérite d'offrir une nouvelle manière de réfléchir et de chercher des solutions.

Voici un exemple. Dans la société dans laquelle nous vivons, l'homme a souvent le réflexe de construire un pont lorsqu'il arrive à une rivière trop large et trop profonde pour être traversée à gué. Dans la pensée tao, d'autres réflexions complémentaires surgiront : ai-je vraiment besoin de traverser cette rivière ? Puis-je me satisfaire de ce que j'ai de ce côté-ci ? Si je dois construire un pont, quelles seront les conséquences sur l'équilibre naturel ?

Le taoïste s'attardera donc à essayer de voir quelles seront les répercussions de cette construction sur la nature, la société et l'économie. Et si la décision est prise de construire le pont, il mettra tout en œuvre pour en construire un qui sera en harmonie avec l'environnement, considérant même l'aspect esthétique de la construction. En connaissez-vous beaucoup des constructions humaines, en Amérique du Nord ou en Europe, qui aient été faites en tenant compte de ces critères ?

Le fondement du tao étant constitué d'un travail intérieur qui doit rejaillir sur l'extérieur, il n'est donc pas étonnant de constater que la méditation en soit un des piliers. Selon la tradition taoïste, la méditation n'est pas un geste passif.

En cherchant un exemple pratique de « non-agir », j'ai pensé aux *bed-in* (dont un tenu à Montréal) faits par John Lennon et Yoko Ono au cours des années 1960 pour protester contre la guerre du Vietnam. Cette « nouvelle » forme de contestation a attiré beaucoup d'attention médiatique sur le couple qui avait choisi cette manière pour dénoncer une situation.

Lors de ces *bed-in*, le couple méditait, chantait des chansons avec des messages de paix et répondait aux questions des journalistes sans sortir du lit. Ces actions ont contribué à faire basculer l'opinion publique qui a fini par réclamer le retrait des troupes américaines du Vietnam aussi sûrement que d'autres actions plus « actives » et parfois violentes.

À quand remonte le taoïsme?

On attribue officiellement la paternité du taoïsme à Lao-tseu, l'auteur du *Tao Te King*, qui a vécu au VIe siècle av. J.-C., pendant ce que l'on appelle « l'âge d'or de la philosophie » en Chine.

Cependant, le taoïsme tire sa source dans des textes antérieurs à cette période de près d'un millier d'années et qui étaient connus sous le nom des *Cinq Classiques*, une série de cinq livres d'auteurs inconnus et faisant partie de la tradition philosophique chinoise depuis fort longtemps.

D'ailleurs, Confucius, un autre grand philosophe chinois contemporain de Lao-tseu, fait souvent référence à la Voie et la Vertu[3] dont il est question dans *Les Cinq Classiques*.

Deux siècles après Lao-tseu, un autre philosophe, Chuang Tzu, a repris les mêmes

---

3. Guy Samson, *La sagesse de Confucius*, Montréal, Éditions Quebecor, 2002.

enseignements jusque-là réservés aux personnes éduquées pour les présenter sous forme de courtes histoires, facilement compréhensibles par les gens du peuple. C'est à partir de ce moment que le taoïsme a vraiment commencé à se répandre dans toutes les couches de la société chinoise.

Plusieurs raisons font qu'il est difficile de connaître le nombre des adeptes du taoïsme dans le monde entier. La première, c'est que le taoïsme n'est pas seulement une religion au sens conventionnel du terme. Bien que les taoïstes les plus fervents aient leurs rites, leurs temples, leurs prêtres et leurs saints, le commun des mortels peut très bien pratiquer une forme minimale de taoïsme toute sa vie sans que les gens autour le sachent.

La deuxième raison, c'est que sa pratique, comme toutes les pratiques religieuses, a longtemps été interdite par les communistes chinois. Entre le début du XXe siècle et 1970, les taoïstes ont dû se cacher, les signes extérieurs ont disparu et les lieux de culte ont été laissés à l'abandon, quand ils n'ont pas été carrément démolis.

Ce n'est qu'après la mort de Mao et la libéralisation des pratiques religieuses que les adeptes du tao ont pu restaurer une partie des vieux temples et recommencer à pratiquer publiquement sans s'attirer l'opprobre.

Lao-tseu

Lao-tseu, aussi appelé le « vieux maître » ou le « vieil enfant », aurait vécu au VIe siècle av. J.-C. C'est un personnage tellement énigmatique que de nombreux historiens doutent de son existence. Certains avancent l'hypothèse que le vocable cache plusieurs philosophes et que le *Tao Te King* est en quelque sorte un travail collectif. Et ce qui n'aide pas à trouver la vérité, c'est le nombre de légendes entourant Lao-tseu lui-même.

Une de celles-ci prétend que Lao-tseu, jusque-là archiviste à la cour d'un souverain, ait un jour décidé de quitter la Chine à dos de buffle pour aller diffuser ses enseignements dans des pays de l'Ouest. Il aurait été reconnu à la frontière du pays par un garde-frontière qui lui aurait demandé de lui transmettre ses connaissances. Lao-tseu lui aurait alors dicté un texte qui serait devenu par la suite le *Tao Te King*.

Toujours sur son buffle, il aurait poursuivi son voyage qui, dit-on, l'aurait mené jusqu'en Inde. La légende prétend aussi que le Bouddha ne serait nul autre que Lao-tseu…

Le Tao Te King

Quand on parle de tao, l'œuvre de référence la plus connue est le *Tao Te King* de Lao-tseu, aussi connu sous le nom *Livre de la Voie et de la Vertu*. Il s'agit en quelque sorte de la bible du taoïsme. J'en reproduis plus loin des extraits, tels que traduits par Ma Kou[4].

Le *Tao Te King* est le livre chinois ayant fait l'objet du plus grand nombre de traductions ; d'ailleurs, il existe autant d'éditions que de traductions. Pour des fins de méditation, la plupart de celles-ci réussissent à

4. Extraits de *Tao Te King* par Lao-tseu, traduit par Ma Kou, Paris, Albin Michel, 1984.

transmettre l'essence du tao, parfois avec des mots différents, selon le traducteur ou l'époque où la traduction a été faite.

Si le cœur vous en dit, vous pourrez toujours comparer les extraits qui suivent avec d'autres traductions, dont celle qui a été faite par Stanislas Julien[5] en 1830 et qui est encore considérée par beaucoup de taoïstes francophones comme une référence. Cette édition a le mérite d'être de petit format et de ne pas coûter cher.

Dans le monde, chacun décide du beau
Et cela devient le laid.

5. *Tao Te King ou Livre de la Voie et de la Vertu,* traduit par Stanislas Julien, Paris, Mille et une nuits, 2000.

Par le monde, chacun décide du bien
Et cela devient le mal.

L'être et le vide s'engendrent
L'un l'autre.
Facile et difficile se complètent
Long et court se définissent
Haut et bas se rencontrent.

L'un l'autre.
Voix et sons s'accordent
Avant et après se mêlent.

Ainsi le sage, du non-agir
Pratique l'œuvre
Et enseigne sans paroles.

Multitudes d'êtres apparaissent
Qu'il ne rejette pas.
Il crée sans posséder

Agit sans rien attendre
Ne s'attache pas à ses œuvres.

Et dans cet abandon
Ne demeure pas abandonné.

Si le mérite des hommes n'est plus favorisé
La contestation ne pénètre plus les gens du peuple.

Si les biens précieux ne sont plus recherchés
Le vol disparaît de l'esprit du peuple.

Si ce qui éveille les désirs n'est plus exhibé
Le trouble du cœur du peuple s'éloigne.

Ainsi, pour gouverner le peuple,
Le sage vide les consciences
mais emplit les ventres
Affaiblit les volontés mais fortifie les os.

Il garde le peuple hors science ni désir
Et s'assure que l'habileté n'ose manipuler.

Par la vertu du non-agir
L'ordre se maintient, naturel.

La vérité que l'on veut exprimer
N'est pas la vérité absolue.
Le nom qu'on lui donne
N'est pas le nom immuable.

Vide de nom
Est l'origine du ciel et de la terre.
Avec nom
Est la mère des multitudes d'êtres.

Le vide de l'être
Médite la racine de toutes choses.

L'être considère ses manifestations.

Tous deux sont un
Mais par leurs noms diffèrent.

Un qui est secret
Mystère du mystère

Porte secrète des mystères.

Le tao est vide
Jamais l'usage ne le remplit.
Gouffre sans fond
Il est l'origine
De la multitude des êtres et des choses.

Il émousse ce qui tranche
Démêle les nœuds.
Discerne dans la lumière
Assemble ce qui, poussière, se disperse.

D'une profondeur invisible
Il est là
Enfant de l'inconnu
Ancêtre des dieux.

Rudes sont le ciel et la terre
Qui traitent en chiens de paille
La multitude d'êtres.
Rude est le sage
Qui traite le peuple en chien de paille.

L'espace entre ciel et terre
Pareil à un souffle
Est vide et ne s'affaisse pas.
Exhalé, il est inépuisable.

La parole conduit au silence
Autant en pénétrer le sens.

Plutôt que tenir et remplir jusqu'à ras bord
Mieux vaut savoir s'arrêter à temps.

Marteler et aiguiser sans cesse
Ne préserve pas la lame.

Tout l'or et le jade qui remplissent une salle
Ne peuvent être gardés par personne.

Qui tire fierté de sa richesse et
de sa puissance
S'attire le malheur.

L'ouvrage accompli
Se retirer

Tel est le sens de la Voie.

Peut-on par l'âme du corps
Embrasser l'âme de l'esprit
Et concevoir l'unité ?

Peut-on concentrer l'expiration et l'inspiration du souffle
Et le rendre aussi souple que celui du bébé ?

Peut-on purifier le miroir secret
Jusqu'à rendre le regard pur ?

Peut-on gouverner l'État et
veiller sur le peuple
Par la pratique du non-agir ?

Lorsque les portes du vide
S'ouvrent et se ferment
Sait-on demeurer passif telle la femme ?

Pénétrer les quatre directions
Sans en rien savoir ?

Créer et développer,
Produire sans posséder,

Agir sans retenir,
Multiplier sans contraindre,
Ceci se nomme vertu mystérieuse.

Plié mais entier

Courbé mais droit

Vide mais rempli

Usé mais neuf.

Ayant peu, mais demeurant comblé.

Ayant beaucoup,
mais demeurant perplexe.

Ainsi agit le sage,

Qui embrasse l'unité

Pour être le modèle du monde.

Il ne se montre pas et met en évidence

Il ne s'affirme pas, mais éveille

Il ne se loue pas, mais son mérite s'impose
Il ne se vante pas, mais il dure
Il ne rivalise avec personne
Personne ne rivalise avec lui.

L'ancien adage : plié mais entier
N'est pas parole vide.
Il permet de rester intègre
Sans cesse.

Parler peu
Est naturel.

Une bourrasque ne dure tout le matin.
Une averse ne dure tout le jour.
Qui les produit ?

Le ciel et la terre.

Si ce ciel et cette terre

Ne produisent rien de durable

Comment l'être humain le pourrait-il ?

À cause de cela même

Celui qui se conforme à la Voie,
prend la Voie

Celui qui se conforme à la Vertu,
devient la Vertu

Celui qui se conforme à la perte,
connaît la perte.

Là où manque la foi,
la foi vient à manquer.

Celui qui sait voyager
ne laisse pas de traces.

Celui qui sait parler ne fait pas de fautes.

Celui qui sait compter
n'a pas besoin de boulier.

Celui qui sait garder
n'a nul besoin de serrures

Pour fermer, ni de clés pour ouvrir.

Celui qui sait lier n'utilise pas
de cordes

Pour nouer.

Ainsi le sage se consacre

À sauver les êtres humains

Sans rejeter personne.

Il se consacre à préserver les choses

Sans rien abandonner.

C'est là pratiquer la claire lumière.

Ainsi le juste enseigne l'injuste.
L'injuste est la matière du juste.

Ne pas révérer l'enseignement subtil
Ne pas respecter la matière brute
Amène grande erreur
Quel que soit le savoir.

L'essentiel est énigme.

La Voie est sans nom
Primitive comme la nature du bois.
Tellement infime
Que personne ne peut l'asservir.

Si princes et seigneurs savaient la tenir,
D'un commun accord
Toutes les créatures se soumettraient,
Le ciel et la terre s'uniraient en une douce rosée.
Et sans décrets
Les peuples se pacifieraient.

La différence crée les noms.
Dès que les noms existent
La séparation existe.
Si l'on sait où s'arrêter
On se libère du danger.

La Voie est au monde
Ce que sont les fleuves et la mer
Aux torrents et rivières.

Qui connaît les autres a l'intelligence
Qui se connaît lui-même a le discernement
Qui triomphe des autres est fort
Qui triomphe de lui-même possède la force
Qui sait se contenter est riche
Qui sait persévérer est volontaire
Qui sait demeurer est stable
Qui vit la mort jouit d'une longue vie.

Le retour est la façon dont la Voie se meut
La fluidité est le moyen qu'elle emploie

La multiplicité des êtres
Est née de quelque chose

Et ce quelque chose
De rien.

Sans franchir le seuil
Connaître l'Univers.

Sans regarder par la fenêtre
Entrevoir la Voie du ciel.

Le plus loin on se rend
Moins on connaît.

Ainsi le sage
Connaît
Sans avoir besoin de bouger

Comprend
Sans avoir besoin de regarder
Accomplit
Sans avoir besoin d'agir.

Celui qui sait ne parle pas.
Celui qui parle ne sait pas.

Clore les ouvertures
Fermer les portes
Émousser le tranchant
Dénouer les nœuds
Adoucir la lumière
Unifier les chemins

Ceci est la mystérieuse identité.

On ne peut s'approcher du tao
Ni s'en éloigner
On ne peut en tirer bénéfice
Ni lui porter préjudice
On ne peut l'ennoblir
Ni le diminuer

Ainsi est-il tenu en honneur.

Un véritable guerrier n'est pas belliqueux
Un véritable lutteur n'est pas violent
Un véritable vainqueur évite le combat
Un véritable chef reste humble
devant ses hommes.

Ceci révèle
La Vertu qui ne rivalise pas,
L'art de conduire les hommes,
L'union avec les lois cosmiques.

Savoir
Et se dire que l'on ne sait pas
Est bien.
Ne pas savoir
Et se dire que l'on sait
Conduit à la difficulté.

Être conscient de la difficulté permet de l'éviter.

Le sage n'éprouve pas de difficultés
Car il vit dans la conscience des difficultés
Et, donc, n'en souffre pas.

Si le peuple ne craint plus le pouvoir
C'est qu'un pouvoir plus grand approche.

Ne pas limiter son espace vital
Ne pas l'empêcher de subsister
Ne pas le pressurer
Et le peuple ne se lassera pas.

Ainsi le sage se connaît lui-même
Mais ne se montre pas.
Il se respecte lui-même
Mais ne s'enorgueillit pas.
Il refuse ceci et accepte cela.

Pensées taoïstes

Les pensées qui suivent sont extraites des *Pensées de Jade* de Pierre Boudreau, dont je vous ai donné les coordonnées à la page 23. Elles font partie des 130 pensées du chapitre 1, qui s'intitule *Poussières de Jade sur le petit monde du taï chi*. En fait, le livre traite surtout de taï chi. En plus des pensées, il renferme aussi des poèmes.

Le tao ouvre la voie à l'impossible.

Faire pénétrer le souffle, c'est mobiliser
la vitalité dans le sens de l'unité
avec toute chose.

Mimer l'Univers et le mettre en danse,
voilà le taï chi. Le génie chinois aura été
de célébrer la vie en 108 mouvements.

Le taoïsme véritable est
étranger à l'esprit des sectes.

Un corps satisfait est
le meilleur des serviteurs.

La répétition vient à bout de tout.

Sans excès, pas de perfection et
sans perfection, pas d'être.
Le tao est équilibre de tous les excès.

Ne rien faire est la chose
la plus difficile à faire.

Se laisser être, c'est faire un acte créateur,
c'est s'inventer soi-même au lieu de
chercher à se connaître,
c'est chercher à naître à chaque instant.

La violence vient d'un excès de contrôle.

Vivre le tao, c'est parvenir à l'équilibre
harmonieux de notre être. Cet équilibre
n'est possible que par l'intégration de
toutes nos contradictions. Intégrer,
c'est respirer dedans, c'est dire oui,
approuver, ne rien renier de soi-même,
cultiver l'ouverture, jouer de son être,
sourire.

La lenteur invite à la profondeur.

La tao est liberté absolue à l'intérieur
d'une multitude de liens.

Méditations taoïstes

Les méditations taoïstes ressemblent souvent à des poèmes ; et comme beaucoup de poèmes, leur signification n'est pas toujours évidente. Les méditations qui suivent sont tirées de Deng Ming-Dao[6]. À part quelques exceptions, j'ai essayé de choisir celles qui ont un lien avec le texte des premiers chapitres.

Dans le texte original, chacune des méditations est expliquée.

---

6. Deng Ming-Dao, *Le tao au jour le jour : 365 méditations taoïstes*, Paris, Éditions Albin Michel, 1998.

Se laver à l'aube
Évacue les rêves,
Protège les dieux du dedans,
Et clarifie l'esprit intérieur.

Redresse le corrompu,
Assouplit le droit.
Recueille l'eau, le feu et la lumière.
Amène le monde à un seul point.

Le bûcheron
Est à l'œuvre à chaque saison.
Fendre le bois est en même temps
Action et inaction.

Percevoir le ciel bleu,
Une promesse à travers les branches nues.
En hiver, il y a des jours ensoleillés
À l'âge de la maturité, l'enfant revient.

Vent dans la grotte :
Mouvement dans l'obscurité.
Pouvoir dans le silence.

Lumière pourpre à travers
l'ombre des pins,
Soleil couchant se posant dans l'océan.
La nuit suit le soleil couchant,
Le jour suit la lune qui s'enfuit.

Festoyer est une flamme au cœur de l'hiver
Qui nourrit le feu de l'amitié
Et renforce la communauté.

Un père sans père
A du mal à trouver l'équilibre.
Un maître sans maître
Est dangereux.

Sur l'argile sèche,
les marques disparaissent
Seulement lorsqu'elle est de nouveau
assouplie.
Les blessures du moi disparaissent
Seulement lorsqu'on est souple
à l'intérieur.

Le tao est partout.
Il suffit d'être sincère.

La proie passe devant le tigre
Qui parfois simplement observe,
Parfois s'élance sans hésitation,
Mais ne manque jamais d'agir.

Les cerfs-volants utilisent la force du vent.
Ils expriment notre invention,
Mais ils ne peuvent changer le vent.

Lorsque les oiseaux volent trop haut,
Ils chantent faux.

Modèle et créativité
Sont les deux pôles de l'action.

Les problèmes ne peuvent être
Résolus en une fois.
Défaites lentement les nœuds,
Divisez pour vaincre.

Ceux qui suivent le tao le font
D'après leur propre inclination.
Il n'y a pas de promesses,
Pourtant, les récompenses sont incommensurables.

La source de l'énergie
Jaillit du tréfonds du corps
Abreuvez-vous et soyez nourris.
Canalisez-la, et elle parlera.

En hiver, les animaux ne s'accouplent pas.
Préservez votre tao
En préservant votre essence.

Tout ce que nous expérimentons
est subjectif.
Il n'est pas de sensations
sans interprétation.
Nous créons et le monde et nous-mêmes ;
C'est seulement
lorsque nous cessons d'agir
Que nous voyons la vérité.

L'aube est la lueur de l'horizon.
Le crépuscule est le repos du ciel.

Contempler le matin.
Arracher les herbes l'après-midi.
Les joies et le labeur d'une seule journée
Font un voyage en entier.

Nous nous séparons
à la croisée des chemins,
Vous partez avec vos joies et
vos problèmes,
Moi avec les miens.
Seul, je regarde la route.
Chacun doit parcourir son propre chemin.

Déployez votre effort
Sans aucune pensée de gain.

Faute de connaître,
Il reste le croire.
Faute d'un dieu en haut,
Il reste un dieu en dedans.

Réalisez vos visions.

Persévérez dans vos ambitions.

Alors seulement, vous pourrez nier visions et ambitions.

Dans les temps difficiles, utilisez un miroir :

Vous verrez en même temps et la cause et la solution.

Toute rivière a ses berges,

Tout océan a ses rivages.

La vie acquiert un sens

Lorsque nous faisons face au conflit

Entre nos désirs et la réalité.

Les autres font des fautes,

Observez les vôtres.

Tant que le soleil se lève
Et que bat votre cœur,
Le tao est à votre portée.

Imaginez une sculpture
Sur laquelle vous travaillez chaque jour.
Si vous arrêtez,
la beauté s'en ira lentement.

Lorsque vous buvez de l'eau,
Souvenez-vous de sa source.

La solitude ne se transforme pas
nécessairement en désespoir.
Elle peut être une chance.

Redonnez ce que vous avez appris.
Partagez votre expérience.

Un chat est assis au soleil.

Un chien est assis dans l'herbe.

Une tortue est assise sur une feuille
de nénuphar.

Pourquoi les humains ne sont-ils pas
aussi intelligents ?

Vous pouvez être capable
de grandes choses,

Mais la vie est faite de petites choses.

Alternez entre la solitude et la société.

Que ce soit seul ou avec d'autres,
gardez la sérénité.

L'étude est la fontaine de la jeunesse.

Peu importe votre âge,

Vous ne devez pas cesser
de vous développer.

Pourquoi aspirer à une terre promise ?
La terre véritable est dans le cœur.

La vie est comme un sablier.
La conscience en est le sable.

Pensées et citations de philosophes chinois

Ces pensées et citations proviennent de Lao-tseu, Mencius, Confucius et autres grands philosophes chinois. Je vous les livre en vrac. Lisez-les à votre rythme et voyez comment elles peuvent s'insérer dans un cadre taoïste ou comme compléments de réflexion…

Lorsqu'on a fait de grandes choses et
obtenu de la gloire,
il faut se retirer à l'écart.

Connaître les autres, c'est sagesse.
Se connaître soi-même,
c'est sagesse supérieure.

Imposer sa volonté aux autres, c'est force.
Se l'imposer à soi-même,
c'est force supérieure.

Celui qui sait s'arrêter ne périclite jamais.

Ce qui est au-dessus du bon
est souvent pire que le mauvais.

Ceux qui savent ne parlent pas,
ceux qui parlent ne savent pas.

L'homme content de son sort
ne connaît pas la ruine.

Plus le sage donne aux autres,
plus il possède.

Savoir se contenter de ce que l'on a :
c'est être riche.

Un voyage de mille li a commencé
par un pas.

Quand la crainte ne veille pas,
il arrive ce qui était à craindre.

Ce qui est dur et fort va vers la mort.
Ce qui est doux et faible va vers la vie.

La plus grande Vertu est comme l'eau,
elle est bonne pour toutes choses.

La Vertu suprême ignore la vertu.
C'est pourquoi elle est Vertu.

Le bonheur naît du malheur.

Le plus grand arbre est né d'une graine menue ; une tour de neuf étages est partie d'une poignée de terre.

Sans franchir la porte,
on peut connaître le monde.

Trop loin à l'est, c'est l'ouest.

L'être qu'on peut nommer n'est pas
l'Être suprême.

Quand le ciel veut sauver un homme,
il lui donne de l'affection pour le protéger.

Le bonheur naît du malheur, le malheur est
caché au sein du bonheur.

Le sage redoute la célébrité
comme l'ignominie.

Le filet du ciel est immense et ses mailles
sont écartées, mais il n'y a pas un méchant
qui puisse l'éviter.

Celui qui excelle à employer les hommes
se met au-dessous d'eux.

Celui qui connaît sa force et
garde la faiblesse est la vallée de l'empire.

Le plus grand conquérant est celui qui sait vaincre sans bataille.

Celui qui sait être constant a une âme large et celui qui a une âme large est juste.

L'échec est le fondement de la réussite.

Celui qui excelle à commander une armée n'a pas une ardeur belliqueuse.

Pour gouverner un grand royaume, on doit imiter celui qui fait cuire un petit poisson.

L'arme acérée du royaume ne doit pas être montrée au peuple.

L'homme de bien est comme l'eau.

L'homme supérieur pratique la Vertu sans
y songer, l'homme vulgaire la pratique
avec intention.

L'homme d'une vertu supérieure
est une vallée.

Le sage paraît lent,
mais il sait former des plans habiles.

Plus il y a de lois, et plus il y a de voleurs.

Celui qui s'approuve lui-même
ne brille pas.

Arrêtez le mal avant qu'il existe ;
calmez le désordre avant qu'il éclate.

Ce qui est au-dessus du bon est souvent pire que le mauvais.

Le sage ne veut pas être estimé comme le jade, ni méprisé comme la pierre.

C'est du vide que dépend l'usage.

Celui qui parle beaucoup est souvent réduit au silence.

Les cinq saveurs émoussent le goût de l'homme.

Le saint ne s'attache pas à ses mérites, et c'est pourquoi ils ne le quittent point.

Les paroles sincères ne sont pas élégantes ; les paroles élégantes ne sont pas sincères.

Se voir soi-même, c'est être clairvoyant.

Le grave est la racine du léger, le calme est le maître du mouvement.

Celui qui se dresse sur ses pieds ne peut se tenir droit.

Le sage venge ses injures par des bienfaits.

Paie le mal avec la justice, et la bonté avec la bonté.

La vertu, immuable, ne quitte pas l'homme avec la mort, elle retourne au nourrisson.

La seule façon d'accomplir est d'être.

Sois avare de tes paroles,
et les choses s'arrangeront d'elles-mêmes.

Chercher à plaire aux hommes par
des discours étudiés et
un extérieur composé est rarement digne
de la plénitude humaine.

Plus de vertus naïves que de manières,
tu es un rustre ; plus de manières que de
vertus naïves, tu es un cuistre ; autant de
manières que de vertus, voilà l'homme de
qualité.

Je ne sais pas à quoi peut être bon
un homme qui manque de sincérité.

Je m'examine chaque jour sur trois choses : si, traitant une affaire pour quelqu'un d'autre, je ne l'ai pas traitée sans loyauté ; si, dans mes relations avec mes amis, je n'ai pas manqué de sincérité ; si je n'ai pas négligé de mettre en pratique les leçons que j'ai reçues.

L'homme de qualité respecte trois choses : le décret du ciel, les grands hommes et les maximes des saints personnages.

Ne vous affligez pas de ce que les autres ne vous connaissent pas ; affligez-vous de ne pas connaître les autres.

L'homme honorable commence par appliquer ce qu'il veut enseigner ; ensuite il enseigne.

Le bon maître est celui qui,
tout en répétant l'ancien,
est capable d'y trouver du nouveau.

Je ne peux rien pour qui ne se pose pas
de question.

Étudier sans réfléchir est une occupation
vaine ; réfléchir sans étudier est dangereux.

Le savoir véritable, c'est de savoir ce que
l'on sait et savoir ce que l'on ne sait pas.

Étudiez comme si vous aviez toujours à
acquérir et craignez de perdre ce que vous
avez acquis.

Il est rare de trouver un homme qui se
livre trois ans à l'étude,
sans avoir en vue un salaire.

Celui dont la pensée ne va pas loin,
verra les ennuis de près.

Se soucier d'être digne d'un emploi
est mieux que se soucier de l'emploi.

La richesse et les honneurs sont très
recherchés des hommes.
Si vous ne pouvez les obtenir
qu'en sacrifiant vos principes,
ne les acceptez pas.

L'homme honorable demeure toujours
le même, que ce soit au milieu d'affaires
pressantes ou au milieu des plus grands
troubles.

L'homme de bien situe la justice au-dessus
de tout. Un homme de bien qui a la
bravoure mais qui ignore la justice sera
un rebelle. L'homme médiocre qui a la
bravoure mais qui ignore la justice sera un
brigand.

Ne soyez pas en peine de ce que vous n'ayez pas de charge ; mettez-vous en peine de vous rendre digne d'être élevé à une charge. Ne soyez pas en peine de ce que personne ne vous connaît ; travaillez à vous rendre digne d'être connu.

Celui qui le matin a compris la Voie,
le soir peut mourir content.

L'homme honorable considère les choses à travers la justice, et l'homme de peu, à travers son intérêt.

On s'égare rarement en s'imposant à soi-même des règles sévères.

L'homme honorable s'applique à être lent dans ses discours et diligent dans ses actions. (Lent en parole et prompt en action, tel est l'honnête homme.)

La Vertu ne va jamais seule ;
elle attire toujours les imitateurs.

Celui qui vise la perfection sera au-dessus de la médiocrité ; mais celui qui vise la médiocrité tombera plus bas encore.

Savoir où est le bien et s'en détourner, il n'y a pas de pire lâcheté.

Ce que je ne veux pas que les autres me fassent, je désire ne pas le faire aux autres.

Oubliez les fautes passées des autres et vous aurez peu d'ennemis.

Négligez et vous perdrez. Cherchez et vous trouverez. Mais chercher ne conduit à trouver que si nous cherchons ce qui est en nous. Chercher ne sert pas à obtenir, si nous cherchons ce que notre être intérieur n'a pas.

Ce ne sont pas les mauvaises herbes qui étouffent le bon grain, c'est la négligence des cultivateurs.

On doit partager avec tout l'Univers l'usage des choses de tout l'Univers.

Tout homme naît avec la rectitude. Si celui qui la perd ne perd pas en même temps la vie, il a un bonheur qu'il n'a pas mérité.

La Vertu d'humanité, c'est élever autrui comme on souhaiterait l'être soi-même ; c'est le faire parvenir là où on le voudrait soi-même.

Aider la multitude ?
Mais c'est être un saint !

Je n'enseigne pas à celui qui ne s'efforce pas de comprendre ; je n'aide pas à parler celui qui ne s'efforce pas d'exprimer sa pensée.

Les richesses et les dignités obtenues injustement ne sont que des nuages qui passent.

Si je voyageais avec deux compagnons, tous deux me serviraient de maître. J'examinerais ce que le premier a de bon et je l'imiterais ; les défauts que je reconnaîtrais en l'autre, je tâcherais de les corriger en moi-même.

Après avoir beaucoup entendu, j'examine et je choisis ce qui est bon à suivre ; j'observe beaucoup pour le graver dans ma mémoire : c'est le second degré de la connaissance.

La prodigalité conduit à l'arrogance,
et la parcimonie à l'avarice.
L'arrogance est pire que l'avarice.

Le sage est calme et serein.
L'homme de peu est toujours accablé
de soucis.

Ne cherchez pas à vous immiscer dans
les affaires dont vous n'avez pas la charge.

Tout passe comme cette eau ;
rien ne s'arrête ni jour ni nuit.

Il est parfois des moissons qui n'arrivent
pas à fleurir ; il en est aussi qui, après avoir
fleuri, n'ont pas de grain.

Si le prince personnifie la rectitude, tout se
fait sans qu'il commande ; si le prince ne

l'incarne pas, il aura beau donner
des ordres, il ne sera pas suivi.

Je ne trouve pas d'agrément dans
l'exercice du pouvoir ; si ce n'est que,
quand je parle, personne ne me contredit.

Conduire le peuple à la guerre sans l'avoir
instruit, c'est le mener à sa perte.

Celui qui ne craint pas de promettre de
grandes choses a de la peine à
les exécuter.

Comment servir son prince ? Ne jamais le
tromper, quitte à le contrarier.

Si les proches sont contents,
ceux qui sont loin viennent d'eux-mêmes.

L'homme honorable en impose, sans orgueil ; l'homme de peu est orgueilleux, sans en imposer.

Un gentilhomme qui ne recherche que son bien-être n'est pas digne de ce nom.

Il est plus difficile de se défendre de l'amertume dans la pauvreté que de l'orgueil dans l'opulence.

Si vous refusez d'instruire un homme qui a les dispositions requises, vous perdez un homme. Si vous enseignez à un homme qui n'a pas les dispositions nécessaires, vous perdez votre enseignement. Un sage ne perd ni les hommes ni ses enseignements.

Celui dont la prévoyance ne s'étend pas loin sera bientôt dans l'embarras.

L'homme honorable attend tout de lui-même ; l'homme de peu attend tout des autres.

L'impatience ruine de grands projets.

Ne pas se corriger après une faute, c'est là qu'est la faute.

Deux hommes qui suivent des voies différentes ne peuvent se rencontrer.

Les hommes sont tous semblables par leur nature profonde ; ils diffèrent par leurs us et coutumes.

Celui-là est parfait qui est capable de pratiquer cinq choses partout et toujours :
la déférence qui inspire le respect,
la grandeur d'âme qui gagne les cœurs,

la sincérité qui obtient la confiance,
la diligence qui exécute des œuvres utiles
et la générosité qui rend facile la direction
des hommes.

Les métiers, les arts,
même les plus humbles
ne sont nullement à mépriser.

L'homme de peu colore toujours
d'une belle apparence les fautes
qu'il a commises.

Les fautes d'un homme honorable sont
comme les éclipses du soleil et de la lune.
Quand il s'égare, tous les yeux le voient.
Quand il se corrige, tous les regards
le contemplent.

Paroles astucieuses et manières
prétentieuses vont rarement de pair avec
l'homme vertueux.

Sans ténacité, l'homme de bien n'inspirerait pas le respect et son savoir resterait superficiel. Préconisant loyauté et fidélité, il n'a pas d'ami qui ne soit son égal. Il n'hésiterait pas à corriger ses fautes.

L'homme de bien ne cherche pas à se gaver en mangeant, ne recherche pas une vie facile, est diligent dans ses tractations et prudent dans ses paroles et maintient la bienséance de ceux qui ont la Voie. On peut le considérer comme adonné à l'étude.

Les trois cents versets du *Livre des Odes* peuvent se résumer en une seule phrase : « Ne pense pas à mal. »

Les actions ont préséance sur les paroles.

L'homme de bien saisit l'universel et est impartial. L'homme de peu est partial et ne saisit pas l'universel.

Attaquer les extrêmes est en réalité dangereux.

Ceux qui ne sont pas bienveillants ne peuvent supporter l'adversité longtemps, ne peuvent être heureux longtemps. Les bienveillants sont à l'aise avec la bienveillance. Le sage met à profit la bienveillance.

Un lettré qui aspire à la Voie mais a honte de ses vêtements élimés et de sa pauvre nourriture n'est pas digne de considération.

La conduite guidée par le profit est cause de nombreux griefs.

L'homme de bien comprend la droiture,
l'homme de peu comprend le profit.

Il est en vérité rare qu'un homme modéré
se perde (tourne mal).

Avec la Vertu, il n'y a pas de solitude,
il y a toujours de la compagnie.

C'est un tort égal de pécher par excès ou
par défaut.

Dépasser le but, c'est ne pas l'atteindre.

Je ne m'affligerai pas de voir que les
hommes me connaissent mal,
je m'affligerai de mal les connaître.

La joie est en tout ; il faut savoir l'extraire.

Le milieu est le point le plus voisin de la sagesse, il vaut autant ne pas l'atteindre que le dépasser.

Le silence est un ami qui ne trahit jamais.

L'homme supérieur est comme l'archer, qui n'atteint pas toujours le but, mais qui ne s'en prend qu'à lui-même.

L'homme supérieur se tient dans le juste milieu.

On ne doit jamais penser à la distance, quelle qu'elle soit, qui nous sépare de la Vertu.

Si tu sais aimer les bonnes choses de la vie, tu sais aussi aimer la Vertu.

Agissez envers les autres comme vous aimeriez qu'ils agissent envers vous.

Le sage demande à lui-même la cause de ses fautes, l'insensé la demande aux autres.

Les pères ne veulent pas reconnaître les défauts de leurs enfants, ni les laboureurs la fertilité de leurs terres.

L'homme supérieur demande tout à lui-même ; l'homme vulgaire demande tout aux autres.

L'homme supérieur est amical sans être familier ; l'homme vulgaire est familier sans être amical.

Ne parlez jamais de vous, ni en bien, car on ne vous croirait pas, ni en mal, car on ne vous croirait que trop.

Nous sommes frères par la nature, mais étrangers par l'éducation.

Oublie les injures, n'oublie pas les bienfaits.

Pour un mot, un homme est réputé sage ; pour un mot, un homme est réputé sot.

Rendez le bien pour le bien et la justice pour le mal.

Se regarder scrupuleusement soi-même, ne regarder que discrètement les autres.

Sous un bon gouvernement,
la pauvreté est une honte ;
sous un mauvais gouvernement,
la richesse est aussi une honte.

Celui qui sait obéir saura ensuite
commander.

Savoir que l'on sait ce que l'on sait, et
savoir que l'on ne sait pas ce que l'on ne
sait pas : voilà le vrai savoir.

Une petite impatience ruine
un grand projet.

Après une faute ne pas se corriger :
c'est la vraie faute.

Quand on ne sait pas ce qu'est la vie,
comment pourrait-on savoir
ce qu'est la mort ?

Veux-tu apprendre à bien vivre,
apprends auparavant à bien mourir.

L'homme de quarante ans qui s'attire
encore la réprobation des sages,
c'en est fait, il n'y a plus rien à espérer.

Un bol de riz avec de l'eau et le coude
pour oreiller, voilà un état qui a
sa satisfaction.

Je n'ai encore vu personne qui aimât
autant la Vertu que l'on aime la beauté
du corps.

Être riche et honoré par des moyens iniques, c'est comme le nuage flottant qui passe.

Un mot perd l'affaire,
un homme détermine le sort d'un empire.

La conscience est la lumière de l'intelligence pour distinguer le bien du mal.

Celui qui aime l'étude est bien près de la science morale.

Que le prince soit prince ; le ministre, ministre.

L'homme supérieur est influencé par la justice ; l'homme vulgaire est influencé par l'amour du gain.

Celui qui se livre à l'étude de la sagesse a en vue les émoluments qu'il en peut retirer.

L'invariabilité dans le milieu est ce qui constitue la Vertu.

Quand l'oiseau est près de mourir, son chant devient triste ; quand l'homme est près de mourir, ses paroles portent l'empreinte de la Vertu.

Le bois pourri ne peut être sculpté.

Il n'y a que les pères et les mères qui s'affligent véritablement de la maladie de leurs enfants.

Quatre chevaux attelés ne peuvent
ramener dans la bouche des paroles
imprudentes.

On peut forcer le peuple à suivre
les principes de la justice et de la raison ;
on ne peut pas le forcer à les comprendre.

Jugez des autres par vous-même et agissez
envers eux comme vous voudriez que l'on
agisse envers vous-même.

La conduite du sage est sans saveur,
comme l'eau.

Je n'ai pas encore vu un homme qui ait pu
apercevoir ses défauts et qui s'en soit
blâmé intérieurement.

La Vertu ne reste pas comme
une orpheline abandonnée.

Une injustice n'est rien,
si on parvient à l'oublier.

Il fait bon s'étendre, la tête reposée sur
son bras replié, après un frugal repas
de légumes, arrosé d'un verre d'eau.

Je voudrais que les vieillards puissent vivre
en paix, que tous les amis soient fidèles et
que les jeunes gens aiment leurs aînés.

L'homme supérieur ne se tourmente pas.

L'erreur est égale, que l'on dépasse
les bornes ou que l'on reste en deçà.

Je ne m'attends pas à trouver un saint aujourd'hui. Si je pouvais seulement trouver un sage, je m'en contenterais.

Que j'ai donc de la chance ! Toutes les fois que je commets une erreur, il y a toujours quelqu'un pour la découvrir.

Celui qui, après avoir commis une faute, ne cherche pas à la corriger, en commet une autre.

La sagesse parfaite est-elle si éloignée après tout ? Quand je désire la trouver, elle est à portée de ma main.

Celui qui ne réfléchit pas et n'établit pas son plan longtemps à l'avance trouvera les difficultés à sa porte.

Ceux qui vivent avec extravagance sont
facilement vains, et ceux qui mènent une
vie simple sont facilement vulgaires.
Je préfère les gens vulgaires aux snobs.

On peut tuer le général d'une armée mais
non l'ambition dans le cœur de l'homme.

L'ouvrier qui veut bien faire son travail doit
commencer par aiguiser ses outils.

Celui qui veut être riche ne sera pas bon ;
celui qui veut être bon ne sera pas riche.

Celui qui creuse un puits jusqu'à 72 pieds
et ne va pas jusqu'à la source,
il est comme s'il n'avait pas travaillé.

Ceux qui s'avancent trop précipitamment
reculeront encore plus vite.

Celui qui s'abstient de ce dont il ne doit pas s'abstenir, il n'y aura rien dont il ne s'abstienne.

Pour te défendre n'attends pas d'être accablé sous les traits de ton adversaire ni d'avoir les yeux éblouis par ses armes.

Le grand défaut des hommes est d'abandonner leurs propres champs pour ôter l'ivraie de ceux des autres.

Le bien subjugue le mal comme l'eau dompte le feu, et si une coupe d'eau ne suffit pas à éteindre un incendie, il ne faut pas en conclure que l'eau est impuissante contre le feu.

La bienveillance est sur le chemin du devoir.

Le ciel n'a pas deux soleils,
le peuple n'a pas deux souverains.

Le courage d'un cœur inébranlable est
au-dessus de la bravoure qui naît
de l'impétuosité du sang.

Ce qui arrive sans qu'on l'ait fait venir,
c'est le destin.

Cherchez, et vous trouverez.

L'égoïste devrait-il arracher un cheveu de
sa tête pour procurer quelque avantage à
l'empire, il ne l'arracherait pas.

Le manque de postérité est le plus grand
des défauts.

Le flatteur se fatigue plus que le laboureur.

Je déteste la couleur violette,
dans la crainte qu'elle ne se confonde
avec la couleur pourpre.

Si une fois l'homme a honte de ne pas
avoir eu honte de ses fautes, il n'aura plus
de motifs de honte.

En se courbant d'un pied,
on se redresse de huit.

Si le médicament ne porte pas le trouble et
le désordre dans le corps d'un malade,
il n'opérera pas la guérison.

Si le roi aime la musique avec prédilection,
le royaume approche beaucoup
d'un meilleur gouvernement.

Les paroles dont la simplicité est à la
portée de tout le monde et dont le sens est
profond sont les meilleures.

Qui veut être riche ne sera pas bon ;
qui veut être bon ne sera pas riche.

Celui qui ne pense qu'à amasser
des richesses n'est pas humain ;
celui qui ne pense qu'à exercer
l'humanité n'est pas riche.

L'inégale valeur des choses est
dans la nature même des choses.

Si vous aviez une entière confiance dans
les livres, il vaudrait mieux ne pas avoir
de livres du tout.

Quoique l'on ait de bons instruments
aratoires, rien n'est avantageux comme
d'attendre la saison favorable.

Le bonheur et le malheur ne viennent
que de nous-mêmes.

Grand est celui qui n'a pas perdu
son cœur d'enfant.

Votre corps est une parcelle de matière
que le ciel et la terre vous ont confiée.
Votre vie n'est pas à vous : c'est une partie
de l'harmonie cosmique que la terre et
le ciel vous ont confiée.

Les hommes sont différents dans la vie,
semblables dans la mort.

Le meilleur usage que l'on puisse faire de la parole est de se taire.

Les hommes connaissent tous l'utilité d'être utile, mais aucun ne connaît l'utilité d'être inutile.

On peut devenir parfait, mais ignorer la perfection : voilà la perfection.

Savoir s'arrêter devant l'incompréhensible est la suprême sagesse.

Vivre, c'est un hasard du temps ; mourir, c'est se conformer à la loi de la nature.

Je jouis de ce hasard et j'obéis à cette loi ; aucune joie ni aucune tristesse ne peuvent pénétrer dans mon cœur.

L'amour de la vie n'est-il pas une illusion ? La crainte de la mort n'est-elle pas une erreur ? Le départ est-il réellement un malheur ? Ne conduit-il pas, comme celui de la fiancée qui quitte la maison paternelle, à un autre bonheur ?

L'idéal, c'est l'indifférence du surhomme, qui laisse tourner la roue cosmique.

Le sage regarde la vie et la mort comme le matin et le soir.

Préservez-vous des désirs insatiables qui s'augmentent comme les eaux d'un torrent.

Si l'on puise souvent de l'eau dans un puits, il ne manque pas de se troubler ; plus le cœur agit, plus il se trouble.

Tous les hommes désirent se délivrer de la mort ; ils ne savent pas se délivrer de la vie.

Le sage ne cherche pas à connaître le ciel.

Un homme n'est pas bon à tout,
mais il n'est jamais propre à rien.

Connais-toi toi-même et connais ton adversaire : pour cent batailles,
tu remporteras cent victoires.

Liens Internet

Voici mes signets sur le taoïsme. Je vous laisse découvrir le contenu des sites ; certains renferment des liens qui mènent vers d'autres sites aussi intéressants qu'instructifs.

http://classes.bnf.fr/queneau/reperes/ref/3quen.htm

http://membres.lycos.fr/clarte/sommaire.html

http://site.ifrance.com/taoisme/

http://site.ifrance.com/taoisme/laotseu/laotseu.htm

http ://www.archipress.org/batin/tao.htm

http ://www.chez.com/1564557/ttk.htm

http ://www.chez.com/bouddhisme/
taoisme.htm

http ://www.generation-tao.com/
sommaire.htm

http ://www.spiritual-dimension.com/
religorient.html

http ://www.spiritual-dimension.com/
tchouang.html

http ://www.tao-yin.com/

http ://www.truetao.org/living/french/
200007fr.htm

Table des matières